O ÍCONE COMO
ESTRATÉGIA DE MARCA

CIP-BRASIL. CATALOGAÇÃO NA PUBLICAÇÃO
SINDICATO NACIONAL DOS EDITORES DE LIVROS, RJ

P12i   Pacheco, Lúcio
      O ícone como estratégia de marca / Lúcio Pacheco. – 1. ed. – Porto Alegre [RS] : AGE, 2024.
      96 p. ; 21x22,5 cm.

      ISBN 978-65-5863-339-6
      ISBN E-BOOK 978-65-5863-338-9

      1. Imagem corporativa. 2. Marca de produtos – Administração. 3. Marketing. I. Título.

      24-94366   CDD: 658.827
                               CDU: 658.827

Meri Gleice Rodrigues de Souza – Bibliotecária – CRB-7/6439

O ÍCONE COMO ESTRATÉGIA DE MARCA

Lúcio Pacheco

Editora AGE

Porto Alegre, 2024

ZON DESIGN

Projeto Editorial: Elisa Henkin
Projeto Gráfico: ZON Design
Realização: ZON Design
Supervisão Editorial: Paulo Flávio Ledur

Reservados todos os direitos de publicação à
EDITORA AGE
editoraage@editoraage.com.br
Rua Valparaíso, 285 – Bairro Jardim Botânico
90690-300 – Porto Alegre, RS, Brasil
Fone: (51) 3223-9385 | Whats: (51) 99151-0311
vendas@editoraage.com.br
www.editoraage.com.br

Impresso no Brasil / *Printed in Brazil*

AGRADECIMENTO

Agradeço à Beatris Scomazzon e à talentosa equipe da ZON Design.
A realização deste livro foi possível pela parceria e amizade de longa data.

APRESENTAÇÃO

Imagine Paris sem a Torre Eiffel, Roma sem o Coliseu, Barcelona sem os prédios de Gaudi, o Rio de Janeiro sem o Cristo Redentor.

Imagine Buenos Aires sem o som do tango, São Paulo em silêncio.

Salvador sem as fitinhas do Senhor do Bonfim, Copacabana sem sua calçada em mosaico de pedras portuguesas. A França sem liberdade, igualdade e fraternidade, os Estados Unidos sem In God We Trust.

Minas Gerais sem pão de queijo, Lisboa sem bolinho de bacalhau, Rio Grande do Sul sem churrasco e chimarrão.

As casas de uma cidade da Andaluzia pintada de cores fortes e as de Valparaíso pintadas de branco.

Imagine um Brasil sem Brasília, uma cidade que poderia ter sido batizada como Vera Cruz ou Petrópole, o outro nome sugerido por José Bonifácio, ainda em 1823, para designar uma já planejada nova capital.

A França recebeu 79 milhões de turistas internacionais em 2023, a Espanha 72 milhões, os Estados Unidos 51 milhões. No mesmo ano, apenas no Brasil, o mercado de turismo movimentou quase US$ 190 bilhões, volume significativo, apesar de ainda bastante tímido. [Fontes: OMT e Fecomércio SP]

A competição entre destinos turísticos é feroz e os organizadores das Olimpíadas de Paris de 2024, ao realizarem solenidades e competições ao ar livre, reforçaram globalmente alguns dos elementos que sintetizam a cidade. Torre Eiffel, Arco do Triunfo, Rio Sena. Os franceses sabem – não são líderes mundiais por um golpe de sorte – que a síntese na representação do país é um diferencial competitivo. Reconhecimento instantâneo, características intransferíveis, posicionamento claro.

Mas como designar estas sínteses?

Os dicionários de sinônimos listam diversas possibilidades. Símbolo, Ícone, Signo, Marca, Representação, Emblema.

Se, como observa o jornalista Sergio Rodrigues: "sinônimos perfeitos são como unicórnios: não existem", um desses vocábulos teria maior capacidade do que os outros de nominar, por exemplo, o Coliseu romano. Em um primeiro momento poderíamos selecionar dois: Ícone e Símbolo. Ninguém estranharia a frase o *Coliseu é um símbolo de Roma*, assim como facilmente aceitaria a expressão o *Coliseu é um ícone de Roma*.

Uma simples consulta ao Houaiss comprova, porém, a tese do unicórnio. Em uma das suas acepções, o dicionário informa que na semiologia, "ícone é um signo que apresenta uma relação de analogia ou semelhança com o objeto que representa", enquanto o símbolo "apresenta relação arbitrária, baseada apenas em convenção, com o objeto ou ideia que representa".

Como o Coliseu é uma construção e não uma convenção, sua relação com Roma se dá por analogia. Ele seria, portanto, e de forma mais precisa, um Ícone de Roma, está no lugar de Roma, remete objetivamente a Roma. Sua imagem sintetiza Roma.

Uma coisa é a definição do termo e outra seu modo de incorporação ou assimilação na comunicação humana. E aí devemos admitir uma certa confusão, já que a linguagem do ícone é simbólica. Citando Chevalier e Gheerbrant, em *Dicionário de Símbolos*, "seria dizer pouco que vivemos num mundo de símbolos – um mundo de símbolos vive em nós". Neste sentido, um ícone seria um tema imaginário, "desenhos ou figuras que podem ser universais, intemporais, enraizados na estrutura da imaginação humana..."

O Coliseu representa Roma e Roma representa perto de trinta séculos de história, uma cidade que se transformou em império, o berço da cultura e da civilização cristã, o centro da Igreja Católica. Uma "cidade eterna". De um lado, a síntese. De outro, a riqueza de sentidos. A complementariedade é a principal capacidade de significação.

O mercado imobiliário, talvez no mundo inteiro, não se cansa de lançar prédios iguais, mas é pródigo na utilização da palavra *ícone*. Toda semana, alguma construtora lança um "*novo ícone*" de São Paulo, de Manaus, de Curitiba. Como se isso fosse um ato banal e corriqueiro.

Não é. Um ícone não nasce do dia pra noite e não depende apenas da intenção de quem quer que seja. O ícone é resultado do modo como é assimilado pelo público. São elas, as pessoas, que estabelecem o que assim se efetivará. Algumas vezes, é verdade, a intenção é rapidamente concretizada.

Bilbao era apenas uma cidade igual às outras no final dos anos 1990 e, mais do que isso, um local associado com os conflitos comuns na comunidade autônoma do País Basco. Hoje Bilbao é conhecida pelo Museu Guggenheim, uma criação Frank Gehry, e que implicou no reposicionamento turístico da cidade a partir de 1997.

O Lúcio Pacheco – um amigo leal, de caráter indestrutível e profissional competente e experiente – expõe, com brilho, que os conceitos que acabei de exemplificar no universo do turismo se aplicam ao mundo das marcas comerciais.

Tema de interesse empresarial e acadêmico desde, pelo menos, 1988, eleito pela revista *The Economist* como o "O Ano da Marca", muito se tem investido no sentido da exata compreensão do *Brand Equity* – ou o conjunto de valores, associações e propriedades de uma marca – e sua consequente sistematização e aplicação no dia a dia das empresas.

Foi nesta fase inicial, mais precisamente em 1999, que eu, então diretor da Publicis Consultants, e o Lúcio Pacheco – na época dirigente da Expressão, agência de propaganda da Varig – tivemos a ideia de escrever um livro sobre o assunto. O tema não seria, como não é, uma abrangência genérica, mas teria uma perspectiva específica.

A marca já era entendida como a síntese do valor simbólico de um determinado produto ou serviço, ou seja, como o verdadeiro fator distintivo entre concorrentes essencialmente comoditizados. Para administrar a percepção – tudo aquilo que o mercado consumidor retém, racionalmente ou afetivamente de uma marca – o principal conceito é o de Identidade: um conjunto de atributos que definem como a marca deve ser vista pelo mercado.

A Identidade, instrumento básico no gerenciamento de qualquer marca, é formada por quatro dimensões. [1] **Base física**, benefícios objetivos, como durabilidade, por exemplo, apropriado por Duracell no segmento de pilhas. [2] **Personalidade**, benefícios subjetivos, predominante na marca. [3] **Estilo**. Forma de expressão da identidade de marca. Para citar um: Os inconfundíveis traços da comunicação de Red Bull, que Te dá Asas. [4] **Vínculo básico com o consumidor**. Entre outros, segurança e confiança que caracterizam relacionamento de nomes como Nestlé, Omo, VW.

O livro do Lúcio tem um foco, uma perspectiva específica, como dissemos. Ele desenvolve a quinta das dimensões da Identidade de Marca – o Repertório ou Patrimônio Sensorial.

Assim como destinações turísticas, as marcas são representadas por ícones de diferentes naturezas. Elas buscam a síntese através do nome, do logotipo, das cores, das formas, das embalagens, dos sons, dos mascotes e dos *slogans*. Esta classificação orienta a organização do livro, dividido em sete capítulos, cada um deles correspondendo a um conjunto de ícones.

Para não correr o risco de repetir o texto do livro, faço três observações finais.

Primeira. Evidentemente, o leitor ficaria chateado se o Lúcio usasse a mesma marca para exemplificar diferentes passagens. Mas é bom que fique claro que assim como o Pão de Açúcar não é o único ícone do Rio de Janeiro – entre outros o Corcovado, o Sambódromo, o Biscoito Globo, também são –, a Coca-Cola poderia aparecer em mais de um capítulo. Logotipo, garrafa, cor vermelha, *slogans*, caminhão, urso branco, tema musical de final de ano e o próprio Papai Noel.

Todos remetem à Coca-Cola. O que equivale a dizer que esforços de sustentação das marcas implicam quase que automática diversificação na iconografia.

Segunda. Administradores de ícones tendem a tomar atitudes conservadoras. O que é diferente de imobilidade. Seria insensato alguém propor mudar a fachada externa do museu do Louvre.

Mas, apesar da grande controvérsia inicial, o mundo passou a conviver em paz com a Pirâmide instalada no pátio, acompanhada por três pirâmides menores. De forma análoga, o assim chamado **rebranding** é uma prática relativamente usual no mercado. As marcas precisam preservar o que têm de mais essencial e, ao mesmo tempo, buscar renovação. Não com o ímpeto de Elon Musk, que, por razões que a razão desconhece, simplesmente trocou por X o nome, logotipo [o passarinho] e a cor do Twitter, sem nenhuma evidência de que a medida seria necessária. A necessária atualização é normalmente efetivada com moderação, como recentemente, via mudança na logomarca, fizeram Petz, Banco Itaú, Pepsi e Johnson & Johnson. Ou, ainda, o McDonald's, que simplesmente "abrasileirou" seu nome, passando a adotar a designação *Méqui*, sem mexer no logotipo e no uso sistemático e predominante do amarelo e do vermelho.

A terceira e última observação está ligada com o ambiente digital.

O grupo Publicis, em julho de 2024, comprou, por U$ 500 milhões, a Influential, considerada a maior empresa de marketing digital do planeta. Ao divulgar a aquisição, o segundo maior conglomerado de publicidade do planeta usou como justificativa o fato de que "o investimento com influenciadores deve chegar a US$ 186 bilhões em 2025, superando pela primeira vez o investimento em anúncios para a TV".

É mais do que evidente, então, o avanço das redes sociais nos orçamentos globais de comunicação, o que não quer obrigatoriamente dizer que os princípios da gestão das marcas tenham se alterado radicalmente.

O McDonald's utilizou o Instagram para perguntar aos seus usuários "por que eles chamam o Méqui de Méqui" e aproveitou parte das respostas como conteúdo para a campanha "É por isso que eu chamo o Méqui de Méqui", que procura reforçar a histórica associação afetiva entre consumidores e marca. E as peças da campanha estão sendo veiculadas tanto no Instagram e outras mídias digitais como na televisão. A identidade do McDonald's deve ser expressa coerentemente em todos os canais considerando a indispensável integridade na comunicação da identidade de marca.

Tudo dito, boa leitura.

Evandro Piccino

SUMÁRIO

INTRODUÇÃO	15
O ÍCONE NO PASSADO	17
ÍCONES QUE SÃO NOMES	31
LOGOTIPOS E SÍMBOLOS QUE SÃO ÍCONES	39
LOGOTIPOS QUE SÃO ÍCONES	47
AS CORES COMO ÍCONES DE MARCA	53
A FORMA E O *DESIGN* COMO ÍCONES DE MARCA	59
A EMBALAGEM COMO ÍCONE DE MARCA	67
O SOM COMO ÍCONE DE MARCA	73
SÍMBOLO, PERSONAGEM E MASCOTE COMO ÍCONES DE MARCA	79
O *SLOGAN* E/OU MOTE DE CAMPANHA COMO ÍCONE	89

INTRODUÇÃO

Muito se fala e muito se lê a respeito das marcas.

Várias são as abordagens possíveis quando se decide por um nome, na sua forma mais simples, ao se registrar uma empresa, até a formulação mais complexa que determina o valor milionário das marcas mais lembradas.

Este livro busca mostrar para estudantes, iniciantes e profissionais de *design*, publicidade e *branding*, uma perspectiva da marca pelo viés dos ícones, tema que ainda carece de literatura. O objetivo é também analisar como a iconografia se transforma em publicidade.

Os exemplos aqui apresentados partiram do levantamento publicado pelo jornal **Folha de São Paulo** em 2017, *Top of Mind*, bem como a seleção mostrada pela revista *ABOUT* em seu número 530, intitulado *A força das marcas*.

Quanto à abordagem deste livro, não se trata de um juízo de valor, mas, sim, de uma exemplificação de ícones no universo das marcas.

O ÍCONE
NO PASSADO

Cada sociedade tem seus próprios ícones. Eles estão presentes nas mais variadas formas, desde objetos, estátuas, obras arquitetônicas, fotos, canções, locais geográficos e até constelações de estrelas.

Para ser um ícone, é preciso que o objeto tenha um significado coletivo. Mesmo em nossa vida particular, alguns objetos podem ser depositários de significados importantes, como os chamados ícones pessoais.

A noção de ícone vem de muito longe, desde os tempos das pinturas nas cavernas. A informática simplificou o significado da palavra. Nas redes, o ícone parece ser apenas um desenho nas telas dos computadores que, quando acionado, produz algum efeito.

O dicionário Aurélio fala da sua existência desde o tempo das igrejas russa e grega, que representavam nas superfícies planas as figuras de Cristo, da Virgem Maria e depois de outros santos.

Os ícones representaram, ao *longo da história, referências de comportamento e valores para as várias sociedades, sinalizando modelos de convivência espiritual e social.* Os próprios romanos, durante o império do Oriente, chegaram a proibir a iconografia da época, reconhecendo a sua força, que interferiria no poder estabelecido pelo império do Ocidente.

SURGE O ÍCONE DA MÍDIA PÓS-GUERRA

Durante e após a Segunda Guerra Mundial, a mídia produziu famosos ícones, nitidamente quando Hollywood assumiu a liderança do cinema mundial e a publicidade ganhou força para dar suporte à sociedade de consumo. James Dean, Marilyn Monroe, Rock Hudson, Madonna, quatro entre tantos outros, são apenas exemplos. Esses mitos são ícones de irreverência, beleza, espontaneidade e sexualidade, produzidos também para serem um contraponto à propaganda socialista da antiga URSS.

Os personagens das histórias em quadrinhos não só foram uma fonte de entretenimento como também se tornaram ícones da supremacia americana. Capitão América, Super-Homem e Tarzan foram alguns deles. Einstein, que explicou a relatividade na física, e Picasso, que criou o Cubismo, também são ícones, além de Mahatma Gandhi, Nelson Madela e Luther King. Tanto Beatles como Rolling Stones, importantes bandas inglesas, são iconográficos.

A publicidade, como método, construiu ícones na mídia voltados para dar um sentido coletivo ao consumo de marcas. Quando pensamos na Coca-Cola, na índia da embalagem da Maizena, no símbolo da Volkswagen, no personagem do frango da Sadia ou no som do prefixo da Fox, estamos falando de ícones feitos para o mercado e que se confundem, como veremos, com a sociedade.

Os ícones foram desenvolvidos na publicidade moderna para encurtar caminhos entre uma determinada marca e sua lembrança. Toda marca sonha em ter um ícone.

Até a chegada dos meios *on-line*, o investimento para a sua construção e manutenção na mídia era muito grande e precisava de um esforço intenso de comunicação. Hoje é possível construir um ícone com menor investimento, usando apenas as redes sociais, caso a marca tiver tempo para tal construção.

AS MARCAS E OS ÍCONES CONTEMPORÂNEOS

Existe uma teoria na publicidade segundo a qual, desde cedo na história, os santos e os deuses tiveram a função de orientar as pessoas na vida. As religiões usavam, e ainda usam, diferentes santidades para ajudar as pessoas nas soluções de seus conflitos humanos. Na religião católica, por exemplo, para cada tipo de problema existe um santo orientador e patrono.

Os gregos tinham diferentes deuses para diferentes referenciais de comportamento – desde Baco, o Deus do vinho, até Apolo, da beleza física. As marcas exploram esses referenciais de forma semelhante, procurando suprir as lacunas da vida humana com outras metáforas baseadas e orientadas para o consumo.

Na vida moderna, as pessoas se afastaram da vida espiritual, e isso criou o que se chama de vazio existencial. Esse espaço passou a ser preenchido, em parte, pelas marcas publicitárias, que funcionam como referências temporárias para as pessoas se orientarem no dia a dia.

O ícone também serve de referência de *status*.

Quando você passar ao lado de algum condomínio popular, dê uma olhada nos carros do estacionamento. Vai perceber o quanto as pessoas precisam de uma *imagem* e são motivadas a ter posse de marcas, independentemente da realidade em que vivem.

No Brasil, grande parte dos esforços de mídia são orientados para regiões de pouca concentração de renda. O grande motor da indústria da pirataria está apoiado na premissa de que mais importante do que o produto original é a imagem que ele representa. Compra-se o produto falso, mas a imagem é verdadeira.

Marshall McLuhan, o célebre intelectual teórico da comunicação [que aparece numa cena do filme *Noivo Neurótico, Noiva Nervosa*, de Woody Allen, discutindo com um jovem um conceito de sua teoria], explicou que estamos de volta à aldeia. Os meios de comunicação prolongam os sentidos e encurtam distâncias, transformando o planeta numa grande aldeia global. As marcas circulam por essas vias na chamada globalização em velocidades enormes.

1998. QUANDO O ESTUDO COMEÇOU

Como já dissemos, muito pouco foi escrito a respeito dos ícones das marcas publicitárias, bem como sobre a fundamentação para o seu entendimento e construção. O número de marcas cresceu muito e vai continuar crescendo, mas os ícones são construídos vagarosamente e exigem um bom investimento.

Nos anos 90, com a chegada do Plano Real e a intensificação do comércio internacional, o Brasil teve um impulso no estudo e no desenvolvimento de marcas, para enfrentar a competitividade com as *brands* internacionais. Com a fixação do dólar em menos de 1 real em 1994, a economia gerou uma grande demanda de produtos internacionais para suprir as necessidades deixadas pelas empresas nacionais diante do aquecimento da economia daquela época.

Vieram as marcas notórias e junto com elas alguns ícones consagrados. As marcas que possuíam ícones tinham mais força na comunicação, como até hoje têm.

A valoração da marca como ativo, então uma novidade no Brasil, estava fazendo com que escritórios de avaliação, principalmente internacionais, pesquisassem e avaliassem o valor monetário das marcas. Havia um grande número de empresas sendo negociadas com multinacionais, com critérios de preços internacionais, o que poucas empresas brasileiras praticavam como método. Muitas agências de publicidade foram negociadas com base nos critérios internacionais.

A grande questão era como a marca deveria ser comunicada para aumentar as vendas e se tornar mais bem pontuada na perspectiva de negócios futuros.

Em final de 1999, a marca brasileira de maior valor era o BRADESCO, e hoje a liderança é ocupada pelo Banco Itaú, com o valor da marca estimado em 28.196 bilhões de reais. A marca mundial de maior valor era a Coca-Cola. Hoje é a Apple, estimada em 184.154 bilhões de dólares. Essas marcas foram avaliadas pela empresa Interbrand. Enquanto reviso este texto, leio que o valor da Apple na bolsa de Nova Iorque ultrapassou 1 trilhão de dólares.

Em 1999, a revista *ABOUT*, na edição 543, fez uma publicação mostrando a síntese de um estudo que estava em elaboração sobre ícones de marcas importantes brasileiras e internacionais no mercado brasileiro e à luz dos seus ícones, sob a coordenação deste autor. Rafael Sampaio, consultor e editor da revista, Evandro Piccino, diretor da Publicis Consultants, e Victor Tronconi Design fizeram uma observação das marcas e suas expressões sensoriais. O trabalho teve dois focos:

O **primeiro foco** foi analisar os ícones de marcas existentes na publicidade brasileira, alguns consagrados e outros existentes, mas pouco explorados. Alguns ícones notórios permanecem até hoje, e outros foram deixados pelo caminho. O nosso estudo vai mostrar alguns desses ícones, suas táticas e os novos projetos de ícones construídos após 1999.

As definições de ícones e marcas usados na época foram alteradas pela perspectiva didática deste trabalho. Veio junto a discussão do conceito de nome, logotipo e símbolo, como veremos. Nesta época, a vodca ABSOLUT já estava há mais de 20 anos concentrando os seus esforços no ícone da forma de sua garrafa; o som da Harley já estava registrado; e a silhueta do prédio do BANESPA era um ícone de arquitetura da marca do banco em São Paulo.

Então, vejamos as premissas que nortearam os nossos pensamentos.

Marca é um conjunto estruturado de diferentes percepções que produz memória a respeito de um produto, serviço, organização. Marca é também o que diferencia um produto de outro.

Uma marca tem um ícone quando percebemos, através de uma única expressão sensorial, outras expressões [nome, logotipo, cor, forma, símbolos, som, personagens, imagens, *slogans* e embalagens interagem].

Um bom exemplo é uma pessoa apenas ao ouvir o PLIM PLIM, distante da tela da TV Globo, lembrar e fazer outras associações relativas à identidade, personalidade e imagem da marca.

O ícone é como um portal que se acessa por um dos sentidos humanos e dá acesso a outros. Daí o seu grande valor na comunicação da marca: facilitar a evocação de lembranças.

A mistura dos sentidos é um fenômeno da sinestesia que pode ser explorado pelas marcas. Todos os ícones são sinestésicos, pois misturam sentidos. Uma mesma água servida em copos diferentes pode ser percebida com sabores diferentes.

Talheres diferentes servindo o mesmo prato tem influências diferentes sobre o paladar do alimento servido, bem como na avaliação de preço do utensílio.

O **segundo foco** era entender melhor o *branding* como disciplina do marketing que cuida da construção e gestão de marcas, segundo as teorias de David Aaker, e também o marketing pleno no pensamento de Philip Kotler e outros.

A bibliografia do livro mostra a amplitude do estudo. A temática das marcas teve um crescimento expressivo, e hoje ocupa a maior parte do pensamento estratégico, nas empresas e nas universidades.

COMO OS ÍCONES E SUAS MARCAS FORAM ESCOLHIDOS EM 1999

David Olgivy, consagrado publicitário inglês, disse que toda marca é um produto mas nem todo produto é uma marca. Nós observamos que nem toda marca tem um ícone além do nome. As marcas que possuem ícones fazem parte de um clube muito seleto, e as razões pelas quais elas se tornam distintas é o foco deste trabalho.

Os critérios foram **notoriedade** [a amplitude do conhecimento da marca além do seu público-alvo no mercado como um todo]; **permanência** [a longevidade da marca e sua perspectiva de continuidade] e **força** [a capacidade de a marca alavancar vendas usando a confiança que os seus consumidores possuem nela].

OS CRITÉRIOS, EM 2018, PARA A ESCOLHA DOS ÍCONES E SUAS MARCAS

Os conceitos adotados que monitoraram a escolha de marcas e ícones em 1999 foram revisados à luz da Internet, meios digitais, redes sociais e inúmeros outros canais de comunicação. E resultaram nestes critérios de 2018:

Notoriedade, importância da marca, passou a ser mais adequada à conectividade, ou seja, a amplitude do seu conhecimento que pode alcançar pelos meios *on-line* e *off-line*. Em 1999, o alcance pelos meios digitais estava engatinhando, o Google não existia e muito menos Facebook, Youtube e tantos outros *sites* mundiais.

Longevidade da marca expressa mais que permanência, e continua como um critério de aferição, pois a continuidade da comunicação da marca é capaz de fortalecer o nascimento de um ícone e dar sua sustentação. Observando os *cases* da construção de ícones, constata-se que eles foram resultado de um direcionamento estratégico contínuo, persistente e de longo prazo.

Força da marca continua sendo a grande dimensão objetiva da formação de valor. São as relações de conhecimento do produto e a confiança dos consumidores e do mercado que levam à escolha da marca na hora das compras pelo *trade* e consumidores. Produtos mais desejados são marca.

COMO AS MARCAS SE COMUNICAM COM AS PESSOAS

Uma marca pode ser percebida pelos cinco sentidos, e suas expressões de comunicação se dão pelo nome, logotipo, símbolo, cor, som, *design*, embalagens, personagens, imagens, *slogans*, motes, paladar e tato. Tanto em 1999 como agora, a seleção das marcas prioriza aquelas que estão com sua comunicação no estágio de serem ícones.

Uma das funções da gestão de marcas, pelo viés de criação, é construir vínculos memoráveis com o consumidor a partir de suas dimensões de comunicação, estendidos ao público interno da empresa, sociedade e mercado. O momento alto de uma marca é quando ela tem um ícone capaz de levar o consumidor à dimensão de sua totalidade de identidade, personalidade e imagem.

A neuropsicologia, que estuda a memória, e explica como a lembrança se dá na mente, veio validar e aperfeiçoar não só as campanhas de marcas como também ícones. Em seu livro *Memória*, Ivan Izquierdo, médico e professor da UFRGS, além de pesquisador, explica que, para haver uma boa memorização, a informação cumpre um roteiro de quatro etapas:

Aquisição > Classificação > Armazenamento > Evocação

A publicidade tem uma analogia com essa sequência, trabalhando o passo a passo abaixo e procurando que a memorização mantenha a lembrança viva da marca, de forma que ela possa ser evocada através das suas expressões dos cinco sentidos.

*Captação da mensagem > Posicionamento >
Sustentação > Lembrança*

O ícone é um poderoso gatilho [termo usado na psicologia] para acessar a memória, pois chega através de mais de um sentido, facilitando a evocação da marca.

Junto com a marca surgem associações para determinar a sua relação de valor e afetividade com os consumidores. Esses valores são construídos com esforços de comunicação e representam o propósito da marca.

Como visto, a escolha das marcas aqui não faz juízo de valor.
São exemplos de como algumas teorias da marca e do ícone se encontram.

ÍCONES
QUE SÃO NOMES

A condição para se ter uma lembrança de algo começa por um nome. Isso vale tanto para a funcionalidade cognitiva humana como no campo da teoria da percepção de marcas. As marcas em geral começam com o reconhecimento desse som primordial, muitas vezes morfemas [som natural] como o nome de uma pessoa, e pode ser escrito com diferentes tipologias. No caso das marcas, a tipologia, letras, é de um alfabeto único, e capaz de ter uma identidade visual bem como personalidade. Esse nome escolhido para iniciar a estrutura de uma marca é o que começa a diferenciar um produto, serviço ou empresa de outro.

A partir do nome, surgem muitas associações. As marcas que possuem ícones podem chegar ao nome por mais de uma via, pelos diferentes sentidos, tornando mais fácil a sua lembrança. Grandes marcas sempre têm um ou dois ícones além do nome, e normalmente esses são ícones de nome, logotipo e símbolos.

A escolha de um bom nome é uma atividade especializada do *branding* chamada de *naming*. Ele deve produzir associações positivas para a marca e são essas associações que levam à formação de valor para o produto ou serviço.

Os nomes mais fortes, em geral, fazem associações com algum imaginário que tenha relação com as categorias, como, por exemplo: BRAHMA é um deus na religião Hindu; NIKE é o nome de uma deusa da mitologia grega, a deusa da vitória.

Muitos nomes vêm de siglas, como Bradesco [Banco Brasileiro de Desconto]. Existem nomes compostos de letras como a C&A, nome de pessoas como a Ferrari [Enzo], nomes descritivos como Museu de Arte de São Paulo, nomes de fusão de palavras como o Federal Ex. Nomes metafóricos, como o JAGUAR, e palavras criadas como Google [surgiu como um trocadilho a partir da palavra *googol*, um termo matemático para o número representado pelo dígito 1 seguido de cem dígitos, que têm afinidade com o seu universo digital]. Uma boa leitura para aprofundar o tema está no livro escrito por Delano Rodrigues, *Naming. O nome da marca.*

Nem sempre é possível escolher um nome original, claro, melódico e análogo ao posicionamento da marca, que não tenha registro. Grandes empresas possuem uma reserva de nomes registrados, antecipando o lançamento de produtos.

OMO, segundo o Top of Marketing da Datafolha 2017, é o nome mais conhecido do Brasil. Nos Estados Unidos o seu nome original traduzido é Velha Mamãe Coruja [Old Mother Owl].

Os nomes abaixo foram alterados na sua tipologia original, logotipos, para que o leitor tivesse uma experiência da leitura e pronúncia apenas do nome. Esses são os ícones de nomes escolhidos para exemplos. Alguns ícones de nomes irão aparecer em outras quatro dimensões.

AVON	*PETROBRAS*	*BRASTEMP*
OMO	*BRADESCO*	*NESTLÉ*
CAIXA	*BOTICÁRIO*	*BANCO DO BRASIL*
SAMSUNG	*KIBON*	*SKOL*
GOL	*BRAHMA*	

O ÍCONE COMO ESTRATÉGIA DE MARCA

bradesco

OBOTICÁRIO

KIBON

BRAHMA

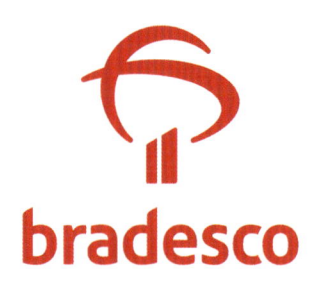

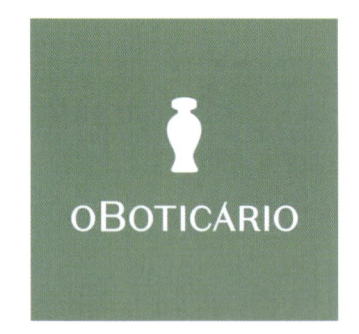

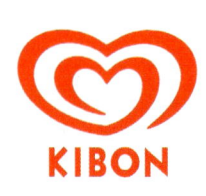

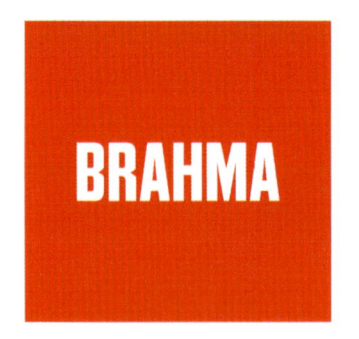

LOGOTIPOS E SÍMBOLOS QUE SÃO ÍCONES –
as diferentes visões de classificação

Não existe consenso entre *designers*, diretores de arte, artistas gráficos, planejadores de *branding*, dentre outros, sobre o pensamento de que o logotipo e o símbolo possam ser coisas iguais no contexto da comunicação, por mais que os dicionários entrem em campo.

Na publicidade eles são diferentes e cumprem papéis diferentes. Logotipo é uma forma de escrever o nome; símbolo é uma expressão gráfica desse mesmo nome. A comunicação entre logotipo e símbolo, juntos ou separados, é integrada ao nome, originando a marca.

Nosso estudo, já em 1999 e ainda hoje, separa logotipo e símbolo.

Nos campos da semiótica, antropologia, sociologia e teologia, entre outros, símbolo tem um universo muito mais amplo do que para a publicidade e o *design*.

O nosso texto está restrito a esse universo em que a marca é o resultado de um nome + tipologia (letras, grafia) + símbolo, quando existir.

Assim, quando pensamos na marca **Apple**, o nome + grafia + maçã são um exemplo dessa definição explicitada.

Por outro lado, encontra-se uma derivação desse conceito nome + grafia + símbolo quando esse nome vem escrito em alguma forma visual, gerando um logotipo misto com o símbolo.

Um exemplo disso é a marca do **Banco Itaú**, que antecipadamente arredondou o quadrado feito pelo criador da marca, Francesco Petit, e virou um forte ícone da publicidade brasileira.

A **Tramontina**, em 2004, retirou o símbolo de sua marca, pois o nome, escrito num box azul cumpria o papel de um logotipo com força gráfica e simbólica.

Em 2018, quando do lançamento das **T Store**, lojas da marca **Tramontina**, o símbolo retornou para compor a marca de varejo. Ele é um identificador rápido, que transfere imagem e lembrança positiva da marca corporativa.

A arquitetura de uma marca bem construída, com o seu portfólio harmônico de submarcas e bandeiras, permite movimentos que trazem valores simbólicos e, em alguns casos, monetários para a marca corporativa.

SÍMBOLOS SEPARADOS DOS LOGOTIPOS, E QUE SÃO ÍCONES DE SUAS MARCAS

O filósofo e linguista americano Charles Sanders Peirce, um dos pensadores que escreveram sobre os símbolos, afirmou: "Símbolo é sempre algo que representa alguma coisa para alguém". Mas não podemos utilizar o conceito integralmente. Carl Jung foi outro grande estudioso que explorou o tema em seu livro *O Homem e seus símbolos*.

Um símbolo torna-se ícone quando, através da sua percepção gráfica, dá acesso ao nome, independentemente do seu logotipo. Símbolos não só são usados na comunicação publicitária como também na propaganda política. Nos países da antiga URSS, por exemplo, a quantidade de ícones com fins políticos criou cemitérios de peças, desde estátuas até alfinetes de lapelas.

No marketing, o símbolo separado do logotipo é uma expressão gráfica, 2D ou 3D, que representa o nome de uma empresa, produto, associação, cidade, entre outros. Nota-se que a marca corporativa Nestlé não traz o nome, o mesmo ocorrendo com a CAIXA e o McDonald's, para mostrar a força do ícone que nos conduz à marca.

LÚCIO PACHECO

Os símbolos possuem grande capacidade de simplificação, o que os torna ideais para serem transformados em ícones.

A criação de símbolos leva em consideração três premissas básicas: **originalidade, significado** e **fácil memorização**.

A originalidade é de grande importância para a logotipia. Algumas marcas são usadas com a modificação de tipologias já existentes, ou mesmo com o uso literal delas. Para outras, são criadas letras próprias e personalizadas dentro do contexto da empresa. Essas são mais originais, portanto adquirem um ganho de diferenciação essencial na comunicação e podem se tornar ícones.

Os símbolos criados dentro de modismos precisam ser revistos em espaços mais curtos de tempo. A prática de redesenhos, como é chamada tecnicamente, é necessária para a sobrevivência de uma marca. Grandes empresas atualizam seus símbolos ao longo dos anos. Nos tempos atuais, em que as informações produzem mudanças muito rápidas em nosso cotidiano, a atualização de uma marca também é feita com mais frequência.

LOGOTIPOS
QUE SÃO ÍCONES

A maneira de escrever o nome da marca é também onde acontece a diferença entre uma empresa e outra, ou até mesmo entre alguns de seus produtos.

A tipologia usada na maior parte das marcas precisa ser própria e única, pois ela faz parte da sua identidade. Dentro do conceito de permanência da marca em que nos baseamos, está o princípio de que cada logotipo deve repetir cada vez mais a sua exposição para que ocorra a sua memorização.

Entretanto, essa prática está sendo quebrada pelo Google, que sempre muda o seu logotipo, reforçando o nome e criando um estilo de comunicação, tática essa contrária ao princípio da repetição visual e que constrói uma lembrança mais fácil.

O nome é mesmo o grande ícone da marca Google, que quebrou um dogma.
A marca do Google cresce rapidamente em força e alcance devido ao grau de exposição e amplitude.

A bandeira do Brasil é uma das poucas que contém um texto, Ordem e Progresso, atuando também como legenda para dar um sentido ao grafismo e às cores. Será que tal texto não veio para eliminar a imaginação subjetiva criada para a bandeira?

As marcas Samsung e Gol não existiam em 1999, quando iniciamos o estudo, e hoje possuem enorme força e lembrança, como mostra o Top of Mind de 2017, da *Folha de São Paulo*. As suas logotipias são ícones com forte personalização na forma de escrever, fruto de intensa e contínua divulgação.

A Internet tem atuado muito na concretização dos objetivos de marcas e ícones.

AS CORES COMO ÍCONES DE MARCA

Nos anos 90, o ícone de cor era bem centrado em três marcas: o vermelho do cigarro **Carlton**, o amarelo da **Kodak** e das **Amarelinhas**, pilhas da **Rayovac**.

O amarelo das Páginas Amarelas foi durante muito tempo um influenciador dessa cor. Ele era por si só um conceito e uma cor e tinha um nome. As pilhas **Rayovac** não têm sido anunciadas como as "Amarelinhas" e com isso deixou, em nossa visão, de ser um ícone de cor ativo. A **Kodak**, com a transição para a tecnologia digital, parece não ter mais, como antes, o amarelo na sua comunicação. O **Banco do Brasil** tem usado muito, e continuamente, o amarelo em suas agências, começando a criar um ícone a partir da cor. A mesma estratégia vem sendo usada pela marca **Peugeot.** Outras marcas também vêm sendo consagradas internacionalmente através da cor amarela, como **Lufthansa, Maizena, Shell.**

Uma tentativa de criar um ícone de cor está em curso nas locadoras de carros que, nos aeroportos, precisam identificar as suas marcas, pelo fato de sempre estarem uma ao lado da outra. O consumidor pode ir em uma ou outra, sem identificar sua escolha.

O azul da **Nívea**, estampado na sua embalagem – e em *sites* comerciais, anúncios, e também nas redes sociais, tem uma divulgação que, à luz da notoriedade e permanência, estabelece um ícone de cor em estágio bem avançado.

No mercado nacional, esse azul enfrentará a comunicação da **Azul Linhas Aéreas**, que busca a iconização para a sua marca e, claro, a posse do nome da cor, visto ter a propriedade do nome. Quanto não se poupou de investimento já nascendo a marca com um ícone de nome-cor simultâneo!

Algumas marcas fortes que usam o azul são **KLM, FINAIR, Fiat, Wolkswagen, BMW, Aerolíneas Argentinas**, entre outras.

Ao mesmo tempo, surge um novo conceito de cor nas marcas: a diversificação para aquelas marcas de alta exposição. A **TV Globo**, por exemplo, que sempre usava o azul, se diversificou na forma de assinar e de se colorir, apoiando-se na solidez da lembrança do seu símbolo. Agora, o azul, o branco e uma ampla paleta de cores possibilitam a essa marca estar sempre adequando-se a diferentes cenários. É mais uma quebra de paradigma.

Uma das razões para a diversificação das cores da marca está na multiplicidade dos canais de comunicação; e isso só é possível devido ao seu alto grau de exposição.

O Google e a Globo parecem estar abrigadas pelo mesmo conceito inovador.

O ÍCONE COMO ESTRATÉGIA DE MARCA

A FORMA E O *DESIGN* COMO ÍCONES DE MARCA

A garrafa da Coca-Cola é o mais bem-sucedido ícone de *forma* da publicidade mundial. A silhueta de sua garrafa clássica pode ser reconhecida facilmente em diferentes países e culturas. Além de simplificar várias expressões da marca em um único elemento, a silhueta simplifica também o volume da garrafa no plano. A embalagem clássica da Coca-Cola, explorada como ícone de marca, foi desenvolvida em 1915 e relançada publicitariamente em 2021. Em 1985, foi introduzida a onda na garrafa.

A garrafa da água **Perrier** e a embalagem do perfume **Channel n.º 5** também podem ser classificadas como ícones, pois têm simplificação e reconhecimento de marca concentrados em sua silhueta.

Nos últimos anos, uma bem-sucedida estratégia de comunicação focada na forma é a da vodca Absolut.

De uma maneira inédita, a estética do produto predominou sobre a bebida. A comunicação da marca, dando importância à forma, começou em 1987, com as campanhas publicitárias mostrando o *shape* da garrafa em várias situações inusitadas. A criação é da agência TBWA, de Nova Iorque.

Grandes formas também são exploradas publicitariamente como ícones, como é o caso do prédio da **Chrysler**, em Nova Iorque, ou do prédio do antigo Banespa, em São Paulo, construído em 1947, hoje Santander.

Na publicidade brasileira, um dos ícones de forma cada vez mais explorado é o das sandálias Havaianas, um produto popular, criado em 1962 e difundido em todo o Brasil e em alguns outros países.

Apenas a sua forma é suficiente para que as pessoas reconheçam a marca. É sinônimo de sandália de borracha, tem sucesso internacional e está sempre presente nas tendências de *design*.

As canetas **BIC**, em particular no Brasil o modelo cristal, também têm uma forma marcante, um signo de reconhecimento difundido em todo o mundo.

Esta multinacional francesa chegou ao Brasil em 1956, e aqui o modelo cristal tornou-se ícone e sinônimo de categoria.

Desde que atualizou seu logo em 2011, a marca **O Boticário** passou a utilizar a letra **B** como símbolo principal de sua nova identidade visual, mas agora a empresa começou a adotar uma *forma* como elemento principal de seu logo.

O novo símbolo é basicamente o contorno linear de um frasco de perfume daqueles mais clássicos, conhecidos como ânforas. **O Boticário**, ao que tudo indica, busca um lugar nos ícones de forma e *design*.

A EMBALAGEM COMO ÍCONE DE MARCA

Uma embalagem, além de cumprir as funções de transporte e acomodação, tem a finalidade de valorizar a marca. Sendo ela uma expressão gráfica, agrega conceito e informações importantes para o produto e a marca.

O planejamento de uma embalagem considera forma, cor, tipologia, ilustrações e atmosfera.

O **Sonho de Valsa** nasceu em 1942 e a caixa de bombons **Carrossel**, mãe da caixa atual é de 1979. O **Sonho de Valsa** é a estrela da caixa.

No mercado brasileiro, encontramos mais uma marca que transformou embalagens em ícones, a caixa dos bombons **Garoto**, que possui o **Serenata de Amor**, outro ícone da marca desde 1959. A Garoto foi fundada em 1929.

A **Maizena** foi introduzida no Brasil em 1930. Desde então, passou por algumas atualizações, mas sem perder o seu conceito visual e mercadológico com relação à iconografia dos índios, cor, tipologia e atmosfera nativa – valores hoje muito aspirados.

O **Nescau** começou a ser fabricado em 1932. Depois de 75 anos, em 2007, ele foi rebatizado para **Nescau 2.0**. Um dos objetivos era atualizar a embalagem, que ficou mais inusitada, expressando a força e a energia associadas ao Nescau.

A **Nestlé** começou a produzir o **Leite Moça** no Brasil em 1921. Após mudanças da embalagem ao longo dos anos, lançou a nova versão da latinha tradicional em 2014. A embalagem veio com cintura fina.

A imagem da moça ficou mais atraente no aspecto corporal, para acompanhar os novos tempos *fits* de saúde e bem-estar.

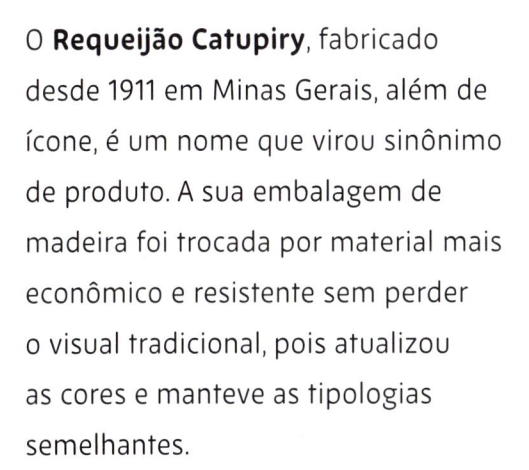

O **Requeijão Catupiry**, fabricado desde 1911 em Minas Gerais, além de ícone, é um nome que virou sinônimo de produto. A sua embalagem de madeira foi trocada por material mais econômico e resistente sem perder o visual tradicional, pois atualizou as cores e manteve as tipologias semelhantes.

O nome forte foi o eixo da troca.

O SOM COMO ÍCONE DE MARCA

Um instrumento ainda muito pouco explorado pela publicidade é o som. No entanto, esse é um dos pilares da comunicação publicitária; é ótima alternativa para a construção de um ícone. David Olgivy disse: "Quando você não tiver nada de importante para dizer, diga cantando". Ou seja, faça um *jingle*. Associe um texto a um som. Um cérebro é capaz de distinguir 400 mil sinais sonoros diferentes. Criar um som publicitariamente reconhecível é uma tarefa criativa.

Mesmo com a grande diversidade de músicas e ritmos no Brasil, hoje nenhum *jingle* é um ícone, e isso pela pouca continuidade.

Encontramos dois sons que são ícones de marca: o da vinheta de passagem da **Globo** e o som da **Intel** quando começa o *boot* dos seus sistemas.

O **PLIM PLIM** da **Globo** existe há décadas e estima-se ser o som mais ouvido no Brasil; ele foi pensado pelo Boni, José Bonifácio Sobrinho.

Todos os dias o som da Intel aparece em diferentes ambientes no mundo. Antes da Apple e da Microsoft, a Intel criou o seu ícone musical, que cresce com a expansão da marca.

Os barulhos dos motores tanto da motocicleta **Harley-Davidson** como do **Fusca** da **Volkswagen** são ícones de som registrados no exterior.

A publicidade brasileira é rica em música que utiliza nomes de marcas em suas letras, como se vê no estudo feito em 1998 pela Publicis Norton, agência que pesquisou e encontrou inúmeras marcas que fazem parte da música popular brasileira.

Escute com os QR CODES.

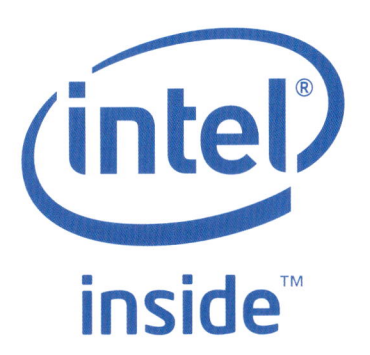

SÍMBOLO, PERSONAGEM E MASCOTE COMO ÍCONES DE MARCA

Em 2017, foi lançado o livro *Ícones que Marcam*, do Diretor da Mind Pesquisa e Gestão de Marcas, Evandro Piccino, juntamente com o fotógrafo Giácomo Favretto. É o estudo aprofundado sobre a existência de símbolos, personagens e mascotes ao longo de décadas da publicidade brasileira, com abordagem de alguns ícones internacionais para a compreensão do estudo.

Símbolos, personagens e mascotes aparecem, desparecem e reaparecem na publicidade em função da estratégia de comunicação de suas respectivas marcas. Alguns ícones – pertencentes a essas três categorias citadas – podem pertencer a mais de uma categoria na dinâmica da marca.

Os ícones nominados como primeira categoria, os símbolos, têm um parentesco muito próximo aos brasões, que, além de comunicarem conceitos como tradição, nobreza e qualidade, recorrem à representação de animais e seus significados.

Eles são baseados em figuras simbólicas dos arquétipos da mitologia e outros. Destacam-se o tigre da **Esso**, o leão do **Mate Leão**, o gato das pilhas **Eveready** e o Licor **Amarula**, com seus elefantes africanos.

LÚCIO PACHECO

Outro símbolo importante por sua continuidade e amplitude é o **Johnnie Walker.** O seu célebre *slogan* "*keep walking*" remete a uma figura que caminha pelo mundo sem mudar sua indumentária nem seu estilo, correlacionando histórias de pessoas com o caminhar, como na *jornada do herói*, relatada pelo escritor Joseph Campbell em *O Poder do Mito*.

Muito destaque teve o filme institucional da Johnnie Walker, feito com o jogador italiano Roberto Baggio – que perdeu um pênalti na final da Copa do Mundo de 1994 contra o Brasil e ganha superação no comercial.

Quaker foi registrado nos Estados Unidos em 1877. A figura até hoje presente nas embalagens de seus produtos, sempre atualizadas, é de um líder político e religioso, visto como referência mítica e representando o arquétipo do Grande Pai.

A última mudança do símbolo foi feita em 1972 pelo renomado ilustrador Saul Bass, que criou o famoso logotipo monocromático. A penúltima versão havia sido criada por Haddon Sundblom, em 1957.

Na segunda categoria encontram-se os personagens como protagonistas de suas marcas. Uma das vantagens de se ter um personagem é que ele é criado à luz da necessidade da marca, dentro de imaginários já existentes e conectados através desse personagem.

Para definir um ícone de marca como personagem, utilizamos a comparação entre o frango da **Sadia** e os personagens da Turma da Mônica, de propriedade do Maurício de Souza. O primeiro é uma dimensão de comunicação da marca e o segundo uma licença temporária de uso. O personagem é parte da marca e não algo que existe associado a ela.

O frango da Sadia se mantém em plena forma, foi criado pela PDZ em 1971 e continua sendo um dos eixos da comunicação da marca. O personagem foi criado por Francesco Petit.

Bibendum, o conhecido personagem publicitário da marca de pneus Michelin – que atua como embaixador da marca desde o início do século passado – evoluiu seu visual no tempo. Adaptando-se à evolução dos pneus, seus anéis tornam-se mais grossos e acolchoados. E, devido ao grande sucesso, o boneco da Michelin passou a ter versões específicas para cada país.

Em 1998, por ocasião dos 100 anos das **Casas Bahia**, o seu ícone *Baianinho*, presença muito frequente na mídia, ganhou esta última versão.

Criado em 1970 pela Interjob, agência interna das Casas Bahia na época, é um mascote muito visualizado pela mídia, sempre assinando os comerciais sem ser protagonista deles.

Os mascotes, a terceira categoria, fazem parte dos ícones que são personalizados, materializados. Em muitos casos tornam-se objeto de estimação, como o Tigre da **Kellogs**, o Tony, um dos mais ativos mascotes da mídia.

Tony foi criado por Eugene Kolkey e Leo Burnet, em 1951.

No ano de 1996, a **Parmalat** lançou uma campanha marcante para os anos 90. Crianças entre 3 e 4 anos de idade vestiram roupas de pelúcia que representavam diversos animais, como leão, cavalo, elefante, rinoceronte, gato, cachorro, entre outros. Também um *jingle* muito envolvente foi criado na DM9DDB por Erh Ray e Nizan Guanaes. A campanha durou três anos.

A **VIVO** também construiu um personagem.

O ícone que representa a marca – um boneco semitransparente sem expressão facial ou detalhes que variam nas cores azul, verde, vermelho, laranja e púrpura, cada uma representando uma das empresas da junção que deu origem à VIVO – traduz a postura convidativa e os valores da empresa: proximidade, transparência, simplicidade, brasilidade e acessibilidade.

A Vivo tem investido frequentemente na divulgação do seu personagem, em diversas cores e forma, tanto móvel como estática. Os conhecidos bonecos fazem parte de uma estratégia da empresa para a criação de um ícone de marca.

O *SLOGAN* E/OU MOTE DE CAMPANHA COMO ÍCONE

Se é Bayer, é bom é um dos *slogans* utilizados com continuidade entre as marcas mais conhecidas do mercado. Desde a sua criação, em 1927, ele assina até hoje novos produtos produzidos pela empresa e está cada vez mais atual. Esses fatores deram ao *slogan* da Bayer o *status* de um ícone.

Na publicidade brasileira, entre muitos *slogans* que possuem *recall*, apenas poucos continuam ativos:

Se é Bayer, é bom...
Nescau, energia que dá gosto
51 – uma boa ideia
Knorr é melhor
Tomou Doril, a dor sumiu
Não é lá uma Brastemp
A número 1

Tomou Doril, a dor sumiu foi criado em 1978 pelo publicitário Agnelo Pacheco e foi mote de campanha para inúmeros comerciais ao longo de 20 anos.

51 – uma boa ideia é o *slogan* da Caninha 51. Criado pela Lage & Magi em 1978, ele tem sido utilizado para diferentes comerciais da marca nas últimas décadas. É um marco da publicidade brasileira.

Nescau, energia que dá gosto foi criado pela JW.Thompson nos anos 1960, também muito visualizado por comerciais e anúncios em diferentes mídias. A sua tradicional lata sofreu uma atualização para se comunicar com os jovens dos novos tempos.

Knor é melhor é uma criação da Norton Publicidade de 1976 e foi muito marcante na publicidade. A galinha azul, como foi denominada, foi personagem de uma quantidade grande de comerciais.

Não é lá uma Brastemp foi uma grande campanha feita pela Talent e que funcionou como mote desde 1991, quando foi criado. A partir daí, o mote virou bordão, propagando a marca Brastemp através do nome. É o que hoje chamamos de mensagem viral. É um clássico da propaganda brasileira.

Brahma. a número 1 parece ser o mote e *slogan* que mais ganhou investimento publicitário no setor de bebidas. Foi criado por Eduardo Fischer em 1991. Hoje, mesmo tirando o nome Brahma da frase, as pessoas são capazes de lembrar da marca e suas associações. O *slogan* é um ícone.

O que dificulta empresas a transformar *slogans* em ícones e sua permanência para memorização?

Em primeiro lugar, a mudança cada vez maior no imaginário de diferentes épocas das campanhas. Um *slogan* construído em cima de algum produto é bom enquanto ele for elemento relevante da marca.

Outro fator a ser considerado é a necessidade de sempre abordar o consumidor de maneira nova. Produtos como moda e bebidas, que têm alto giro de campanhas, aproveitam os *slogans* para apresentar novas abordagens conceituais e temporais, o que, portanto, pode enfraquecer a sua continuidade.

Além disso, outro fator importante na definição de um *slogan* como ícone é a influência e importância da agência de publicidade. Quando um cliente muda de agência, também muda a perspectiva de abordagem da marca.

Diferentes agências possuem diferentes estilos de fazer publicidade, e isso significa dar ou não continuidade aos *slogans*. Sem continuidade, eles não chegam a se tornar ícones. Inúmeros *slogans* ficaram pelo caminho.

CONCLUSÃO

Não é regra que as agências de publicidade se engajem no planejamento para a construção de um ícone publicitário. Com a diminuição das atividades das agências junto aos anunciantes, muitas decisões e *insights* de marca ficam ao cargo do marketing das empresas.

Outra mudança na comunicação das marcas foi o fato de as empresas de endomarketing passarem a fazer as campanhas de marca estendida aos diversos públicos das corporações. A equipe de venda – o chamado *trade* – foi incluída e com mais importância nessas comunicações.

Se antes a orquestração da comunicação das empresas era feita pelas e com as agências, agora os homens de marketing das empresas são o centro de gravidade do *branding* para suas marcas.

Bons *insights* e boa sorte!

REFERÊNCIAS

CAMPBELL, Joseph. *O poder do mito.* Com Bill Mayers.
São Paulo: Editora Pálas Athena, 2014.

IZQUIERDO, Ivan. *Memória.*
Porto Alegre: Artmed, 2018.

JUNE, Carlg. *O homem e seus símbolos.*
Rio de Janeiro: Nova Fronteira, 2008.

PICCINO, Evandro, FAVETTO, Giácomo. *Ícones que marcaram.*
São Paulo: ESPM. 2016.

RODRIGUES, Delano. *NAMING: O nome da marca.*
Rio de Janeiro: Editora 2AB, 2014.

SANTAELLA, Lúcia. *Matrizes da linguagem e pensamento,*
São Paulo: Iluminuras/FAPESP, 2016.